LE THÉATRE

SON IMPORTANCE DANS LES ÉTATS

L'INFLUENCE QU'IL DOIT EXERCER
SUR L'INSTRUCTION DES PEUPLES, SUR LA GRANDEUR
DES PAYS ET LE BONHEUR DE L'HUMANITÉ

Par M. JUCLIER

> Si les spectacles, au lieu d'être l'école des mœurs,
> en causent la dépravation ; épurez-les, ennoblissez-
> les, et n'avilissez pas des hommes qui exercent des
> talents estimables.
>
> (Le comte de CLERMONT-TONNERRE.)

PARIS

F. AMYOT, LIBRAIRE-ÉDITEUR

RUE DE LA PAIX, 8

1873

LE THÉATRE

SON IMPORTANCE DANS LES ÉTATS

L'INFLUENCE QU'IL DOIT EXERCER
SUR L'INSTRUCTION DES PEUPLES, SUR LA GRANDEUR
DES PAYS ET LE BONHEUR DE L'HUMANITÉ

Par M. JUCLIER

> Si les spectacles, au lieu d'être l'école des mœurs,
> en causent la dépravation ; épurez-les, ennoblissez-
> les, et n'avilissez pas des hommes qui exercent des
> talents estimables.
>
> (Le comte de CLERMONT-TONNERRE.)

PARIS

F. AMYOT, LIBRAIRE-ÉDITEUR

RUE DE LA PAIX, 8

—

1873

*A M. le Président et à MM. les Membres
de l'Assemblée nationale.*

MESSIEURS,

Les coups douloureux qui ont frappé notre
chère patrie ont fait comprendre au pays qu'il
faut désormais des mœurs plus sévères, des ré-
formes rigoureuses qui rendent ses enfants plus
virils, plus dignes enfin de porter l'héritage glo-
rieux que nous ont légué nos pères!

Pour atteindre ce but régénérateur, la France
a placé en tête de son programme :

Organisation de l'armée;
Instruction du peuple.

M'inspirant de ces deux grands principes, il
m'est facile de démontrer que la question des
théâtres est impérieusement liée au problème

que ces principes sont appelés à résoudre, puisqu'il s'agit du complément de l'éducation du peuple, éducation qu'un théâtre fortement et sagement organisé doit fortifier chaque jour.

C'est ainsi que le comprenaient les Grecs et les Romains, chez qui l'essence de la comédie avait pour mission de corriger les mœurs publiques et de châtier les méchantes actions !

Puisqu'il est démontré qu'un théâtre fortement et sagement constitué est le complément de l'éducation du peuple ;

Puisqu'il doit fortifier l'esprit et le cœur du citoyen, du citoyen qui un jour sera appelé à faire partie de l'armée nationale pour servir et défendre son pays,

Ne doit-on pas demander avec toute l'énergie d'une profonde conviction l'organisation immédiate des théâtres de la province ?

Le théâtre doit offrir un répertoire qui intéresse et fortifie ; il doit donner des représentations qui soient des fêtes populaires instructives, dont la puissance repose sur les grands effets de la sympathie communicative. — C'est cette attraction mystérieuse qui fait que le rire et les larmes se communiquent et se confondent dans une réunion compacte ; que la foule palpite dans une même émotion, en dépit des dispositions, des conditions, des caractères, et que l'on obtient enfin des résultats immenses sur les populations! — Qu'on juge par là quelle force et quelle virilité la *nation* pourrait *acquérir* avec des théâtres bien organisés, possédant un répertoire offrant en exemple les *vertus civiques*, le *travail*, l'*activité*, les *mœurs honnêtes*, en un mot tout ce qui peut *constituer la grandeur d'un pays*.

Aujourd'hui, dans les départements, quels sont les établissements qui présentent ces garanties désirables, et peuvent être utiles à la moralisation, au bonheur du peuple, à sa virilité?...

Que voyons-nous dans les grands centres? Des théâtres mal organisés, un personnel indigne des grandes scènes, qui autrefois faisaient l'*orgueil des cités;* partout le *désordre*, la *misère* et la *dégradation morale* et *artistique;* des comédies, des drames, des opéras mal exécutés, qui forcent les amateurs de bonne littérature et de bonne musique à déserter les théâtres et à se créer d'autres habitudes!

De sorte que les théâtres, abandonnés à la classe ouvrière, descendent de jour en jour l'échelle artistique; que cette classe ouvrière, ne se rendant pas un compte exact de l'ennui qu'elle y éprouve, déserte à son tour le théâtre et se porte vers les Alcazars et les cafés chantants!

Et dans les petites villes, dans les bourgs, dans les villages, que trouvons-nous? Des cafés chantants! toujours des cafés chantants!!!

C'est dans ces établissements *malsains* pour la *raison*, pour les *mœurs civiques*, le *bonheur des familles*, que la jeunesse bourgeoise, la classe ouvrière, hommes, femmes, et *jusqu'aux enfants*, puisent ces habitudes déplorables qui *dégradent* l'humanité!

Comment, dans un tel désordre, trouver des hommes à l'esprit droit, au cœur honnête, des hommes enfin virils, aimant la *famille*, le *travail* et la *patrie?*

Si on ne portait remède à un pareil état de choses, ce serait renoncer à l'un des plus puissants moyens de régénération dont on puisse disposer; mais il n'en sera point ainsi, on arrêtera ce désordre effréné, et on placera ces populations égarées sur la voie de la raison.

C'est dans cette pensée, Messieurs, que j'ai l'honneur de vous présenter un projet déjà approuvé *par la Société des auteurs dramatiques*, projet qui a pour titre :

Société Molière,

Nom d'un heureux augure, car celui qui l'a illustré a fondé le premier théâtre du monde :

Le Théâtre-Français.

C'est sous la bannière de ce penseur immortel, du père des artistes, que marchera la grande famille qui compose le personnel des théâtres de la province. — Ces théâtres organisés feront disparaître *les désordres, les cabales, les fermetures forcées, ces chômages qui frappent à chaque instant le personnel de la province, personnel qui se compte par cent mille individus.*

Il est facile de prévoir quelle force cette Société acquerra en peu d'années, et quel puissant secours elle apportera pour l'éducation du peuple.

Cette organisation, d'une si haute importance pour le pays, est d'*une application facile.* — Le projet accepté, le ministre nomme le directeur général pour trois années ; à la fin de la troisième année, les sociétaires, en assemblée générale, votent sur le maintien ou le changement de ce directeur.

Le directeur général nomme les membres de l'administration centrale, qui réside à Paris (*la France est divisée en six grandes administra-*

tions). Le directeur nomme les directeurs des divisions, les administrateurs, enfin tout le personnel de chaque division, mais avec le concours du Comité central de Paris et des chefs de service des divisions.

Puis vient la classification du personnel, des artistes et des employés de division, — toujours sur les *votes* et les *rapports* des *comités* et des *directeurs divisionnaires*, et le *Comité central entendu*.

Les théâtres en activité : tous les ans des concours sont ouverts à Paris et dans le chef-lieu de chaque division pour offrir aux artistes les moyens d'acquérir une position supérieure. — L'artiste pourra toujours se présenter au concours pendant cinq années.

Alors, sur les propositions du Comité central, après *délibération,* le directeur général détermine les avancements, règle les classifications, accorde les récompenses. — Chaque année une représentation est organisée dans le chef-lieu des divisions pour décerner les récompenses et proclamer les avancements. Et pour donner plus de solennité à ces représentations, et mettre constamment les populations en rapport avec le personnel artistique, les autorités civiles et militaires, la presse et les académies y seront conviées.

Toute personne employée aujourd'hui dans les théâtres de la province entre dans la Société.

Le travail étant la base de l'association, tout sociétaire non occupé dans sa spécialité ordinaire (*sa classification*) est employé dans une partie en rapport avec ses moyens, et rétribué selon le travail exécuté dans un emploi ou service provisoire.

Il en sera de même pour tout sociétaire qui ne pourrait plus exercer sa profession.

Il est bien entendu que les individus faisant partie du personnel des théâtres seront appelés avant tous autres à exercer des emplois et des places dans l'association.

De même que dans les grandes compagnies des chemins de fer, — des établissements, dits Cités artistiques, seront fondés hors des villes et près du chef-lieu de la division.

Tout sociétaire, après l'époque déterminée pour le service dans la Société, a droit à une pension établie sur les retenues qui lui auront été faites.

Tel est le faible aperçu des bases générales de cette grande association, qui doit assurer le progrès de l'art, la sécurité des artistes, et fortifier le pays !

Délivrés de toutes entraves, les théâtres marcheront dans la voie du progrès ; les administrateurs, les artistes, concourront au succès de l'entreprise.

Le *travail* remplaçant les *chômages,* les troupes ne seront plus *dispersées* au moment où elles *acquièrent* de *l'ensemble*.

Les grandes scènes de la capitale trouveront dans le personnel des théâtres de la province des artistes de talent. — Le Théâtre-Français, qui aujourd'hui voit son répertoire classique abandonné en province, aura, par la formation de troupes spéciales dans le *grand genre,* toute facilité pour rajeunir son personnel, — *ce qui existait autrefois*.

Autrefois des villes telles que Lyon, Marseille, Bordeaux, Rouen, etc..., possédaient des troupes pour la haute comédie ; par elles nos grands auteurs étaient dignement représentés. Sur ces grandes scènes se formaient des *artistes d'élite ;* — les Molé, les Fleury, les Dugazon, les Samson, les Régnier, s'y étaient fortifiés pour se présenter sur la scène fondée par Molière !

Or, l'organisation que nous proposons apporterait dans peu d'années des résultats financiers, artistiques et moraux d'une haute importance.

Si, aujourd'hui, par suite de désordres, le théâtre en province a été abandonné et regardé tout au plus comme utile à la distraction du peuple, et digne seulement de satisfaire les *fantaisies* de la *société*, autrefois nos grands hommes en jugeaient autrement et considéraient la scène française comme une des gloires du pays.

Voltaire écrivait aux artistes de la Comédie-Française :

« MM. les comédiens savent que j'ai toujours regardé leur art comme un de ceux qui font le plus d'honneur à la France. »

Le ministre Chaptal écrivait à ces mêmes artistes :

« La perfection de l'art en France exige que le théâtre national soit exclusivement consacré aux deux genres qui l'ont enrichi de leurs chefs-d'œuvre, parce qu'un gouvernement environné de tous les genres de gloires sait apprécier celui dans lequel nos rivaux mêmes ne contestent pas notre supériorité. »

Et le comte de Clermont-Tonnerre disait :

« Si les spectacles, au lieu d'être l'école des mœurs, en causent la dépravation ; épurez-les, ennoblissez-les, et n'avilissez pas des hommes qui exercent des talents estimables. »

La question ainsi posée, entrons dans la situation présente du nombreux personnel des théâtres de la province ;

Personnel qui toujours a été abandonné des gouvernements et dont le sort aujourd'hui est déplorable !

Sans travail certain, sans existence assurée, sans avenir !

La liberté des théâtres a amené la création de scènes nouvelles ; chaque ville en possède plusieurs, et a en plus des cafés chantants, ou plutôt des théâtres-concerts.

— Aussi que voit-on ? — Des directions éphémères, un répertoire déplorable, des troupes se dispersant avant d'être complétement formées..., de misérables intrigues qui se croisent en tous sens, et produisent des faits que la plume se refuse à retracer !

Les théâtres sont en ruine, l'art n'existe plus ! Les artistes, les employés, les ouvriers..., toutes ces nombreuses familles dont se compose le grand personnel de la province, n'ont pas dans une année *six mois d'appointements assurés.*—Aussi, abandonnée, sans aucun appui, cette famille artistique est-elle tombée dans une décomposition complète;—le désordre des théâtres, le vagabondage *forcé* des troupes, ont éteint le feu sacré qui l'animait autrefois.

Eh bien! devant des faits aussi déplorables, devant cette misère, devant ces souffrances, la réorganisation des théâtres ne s'impose-t-elle pas impérieusement?

Les théâtres organisés, tous ceux qui veulent suivre la carrière artistique comprendront que désormais ils devront se livrer à des études sérieuses, études qui seules peuvent former des artistes dignes de représenter les œuvres de nos maîtres.

C'est dans de telles conditions que l'on parviendra à former des sujets d'élite et à présenter enfin à la nation un répertoire qui fera germer dans le cœur du peuple le sentiment de l'honneur, du devoir et du travail!

Il est incontestable qu'une telle organisation attirera dans le sein de la Société artistique des natures d'élite. — Ceux qui auront été favorisés des dons précieux de la nature, dons indispensables *pour former de véritables artistes,* pourront hardiment entrer dans la carrière théâtrale.

Les familles n'auront plus à redouter pour leurs enfants ces déceptions qui, aujourd'hui, frappent ceux qui y débutent même avec succès.

La pension qui attendra, à la fin de sa carrière, l'homme laborieux doublera l'ardeur de tout ce personnel, et par cet ensemble d'activité, cet art qu'*aucun peuple ne peut nous disputer,* en moralisant la nation, grandira la puissance de la France.

Enfin, ne doit-on pas reconnaître que ce nombreux personnel des théâtres de la province a des rapports et des liens intimes avec les populations des villes et des grands centres; — que, placé dans des conditions d'ordre, de travail, il deviendra un puissant secours pour accomplir l'œuvre de force et de grandeur morale que la France demande, que l'Assemblée et le gouvernement ont la glorieuse mission d'accomplir?

Puisse l'Assemblée nationale porter hardiment la main sur la situation douloureuse des théâtres de la province!

Et, s'inspirant du grand exemple que donna à

Paris notre illustre Molière, en fondant son *Théâtre-Français,*

Fonder, elle aussi, des théâtres dignes d'un peuple viril, dignes enfin de notre grande patrie !

1091. — Paris, imp. Jouaust, rue Saint-Honoré, 338.